LK 4931.

MOLIGT-LES-BAINS

PYRÉNÉES-ORIENTALES

PAR

JÉRÉMIE MAHTNEB.

TOULOUSE,
TYPOGRAPHIE DE BONNAL ET GIBRAC,
Rue Saint-Rome, 46.

1846.

MOLIGT-LES-BAINS

PYRÉNÉES-ORIENTALES.

MOLIGT-LES-BAINS

PYRÉNÉES-ORIENTALES

PAR

JÉRÉMIE MAHTNEB.

TOULOUSE,
TYPOGRAPHIE DE BONNAL ET GIBRAC,
Rue Saint-Rome,

1846.

NOTICE.

Moligt-les-Bains est une de ces étroites et délicieuses vallées, telles qu'on en découvre quelquefois dans les contrées montagneuses, où une nature bizarre et originale semble s'être fait un véritable plaisir de concentrer pour l'homme, nous ne dirons pas enthousiaste, passionné, mais seulement observateur et légèrement impressionnable, les beautés les plus délicates, les variétés les plus contrastantes, les sites les plus ombreux, les plus isolés, les plus inspirateurs, les harmonies les plus suaves, les plus onduleuses ; comme pour établir une large compensation avec l'immense aridité d'alentour. Véritable Oasis des rochers que le voyageur inspiré, de la plaine, devine bientôt à l'aspect seul de son ciel, tantôt pur et serein comme le front d'une vierge ; tantôt richement paré de légers nuages aux mille teintes transparentes, aux mille formes gracieuses, comme la noble fiancée au plus beau de ses jours.

Profonde, inclinée, sinueuse, dominée par des rochers menaçants, dont l'un porte sur son sommet les ruines d'un ancien manoir féodal, cette vallée est traversée dans sa longueur par un rapide torrent au lit soubresauté, et dans lequel l'onde n'a jamais un seul instant de repos. Souvent, c'est un éclat de rocher tombé des faîtes dans les jours d'orage, qui lui dispute sa route avec une impassible inertie. Quelquefois, c'est un plus faible obstacle. En sorte, que pour l'oreille tant soit peu harmonique et attentive, ce sont : ici, de véhéments accents de colère ; là, de gémissantes plaintes que ces eaux infortunées font entendre distinctement.

Mais que tout-à-coup se forme et éclate un orage, car le plus beau ciel, dit-on, n'en est pas exempt, la scène change complètement. Rien ne résiste au torrent dévastateur : ses eaux, naguère pures et limpides, dans lesquelles se mirait coquettement la fleur sauvage et le tertre gazonneux, maintenant jaunâtres et écumantes, descendues comme un trait de tous les sommets, de tous les ravins, de toutes les crêtes, furieuses, s'échappent par moments de ses bords élevés, menaçant de tout entraîner avec elles. L'air même est ébranlé sous les coups redoublés et incessants du tonnerre de leur voix.

Bientôt l'orage est passé, le ciel a repris sa sérénité ordinaire, le bruit et la violence des eaux diminuent insensiblement avec leur volume. Demain, la vallée n'en sera que plus fraîche, plus riante et plus belle.

Ce qui reste aujourd'hui du château de Paracolls, comme ruine, est à peu près insignifiant. Mais sa situation hardie, l'isolement, le rôle que cette forteresse a sans doute soutenu dans le moyen-âge, le caractère de ses seigneurs, qui, s'il faut en croire la tradition vulgaire, aurait été des plus inouïs, des plus étranges en cruauté; tout cela fait qu'on se surprend involontairement rêver sur ces pans de murailles, soit, qu'après avoir bravé la fatigue d'une assez longue ascension on foule aux pieds la poussière de leurs débris; soit, qu'on les aperçoive de loin se détachant en lignes morcelées sur les mourantes teintes d'un riche couchant.

Moligt-les-Bains, comme tout pays de montagnes, peut être envisagé à la fois ou séparément sous une physionomie abrupte, rude, sauvage; ou bien, sous une physionomie champêtre, riante, bucolique. Pour chanter la première, il faudrait le mâle génie de lord Byron, ou la vigoureuse imagination d'Ossian; pour chanter la seconde, il suffit de céder à un sentiment d'amour, de reconnaissance; c'est ce qu'on a essayé de faire ici.

MOLIGT-LES-BAINS.

> Et, s'il est au sommet de la verte colline,
> S'il est sur le penchant du côteau qui s'incline,
> S'il est aux bords déserts du torrent ignoré,
> Quelque rustique abri de verdure entouré,
> . . . .
> Semblable à la colombe errante sur les eaux,
> Qui, des cèdres d'Arar découvrant les rameaux,
> Vola sur leur sommet poser ses pieds de rose,
> Soudain mon âme errante y vole et s'y repose.
>
> LAMARTINE, *Méditations poétiques.*

Jusqu'à ce jour, pour te chanter
Pas un barde, pas une lyre !
Et, pourtant, quel divin délire
Ta poétique brise à mon cœur fait monter,

Moligt, si profonde vallée
Sous un rocher noir et pendant !
Que l'écume et les cris de ton gave grondant
Prêtent de fiers accents à ma voix ébranlée !...

D'autres, je le sais, rediraient,
En un magnifique langage,
Le fracas des torrents, tes pics, ton ciel sauvage,
Ton gothique manoir... Oh ! qu'ils nous raviraient !

Surtout, si leur voix éclatante
Se mêlait bien au bruit des vents
Qui, de tes monts, battent les flancs
Dans leur course tourbillonnante.

A retracer de tels tableaux,
Pour moi, je n'ose point prétendre ;
Car, il faudrait, pour l'entreprendre,
Il faudrait d'Ossian les magiques pinceaux.

Je voudrais, seulement, de ma reconnaissance,
Te laisser une preuve, adorable séjour ;
Je voudrais, en partant, te dire mon amour :
Ne m'as-tu pas rendu le calme et l'espérance ?

    Loin du bruit de nos cités,
  Heureux qui près de toi peut vivre :
  L'âme, ici, tressaille et s'enivre
    Des plus ravissantes beautés.

Que me font, des cités, les vains bruits et les fêtes,
Les spectacles brillants et pleins d'enchantement ?
Pour consoler mon cœur de ses peines secrètes,
Il lui faut le silence et le recueillement.

Il lui faut un lieu sombre et des roches désertes,
Où l'on entende à peine une onde murmurer ;
Il lui faut des vallons et des pelouses vertes,
    Où la brise vienne pleurer ;

Puis encore, le bruit de la feuille légère
Qui s'agite et frissonne au souffle du matin ;
L'éclat et le parfum de la fleur printanière,
Que caresse le soir un zéphir libertin.

Ruisseaux, j'aime votre murmure.
Coulez coulez sans fin ;
Vos accents, dans l'hymne divin,
Sont les plus doux de la nature.

J'aime aussi, du roc culminant,
Voir les marronniers sauvages
Balancer leurs larges feuillages
Au souffle du plus léger vent ;

Et ce nuage, aux ailes roses,
Qui passe vite et disparaît ;
Tel l'espoir, doux rayon dont mon cœur se dorait,
Quand je croyais en toutes choses !

Dans ces sentiers de paix, d'ombre voilés,
Si j'égare mes pas indolents, solitaires;
Comment redire les mystères
Qui sont à mes yeux révélés ?

Quelle clarté vive et jolie
Vient embellir ces horizons,
Lorsque le jour, sur les vallons,
Paraît, s'allonge, se replie !

De ces sommets audacieux,
Comme les crêtes déchirées,
De leurs lignes épurées
Découpent bien l'azur des cieux !

Prés verdoyants, cîmes jaunies,
Mousses où l'on aime à causer,
Mes yeux ne peuvent se lasser
De vos nuances infinies.

Que de fois, sur le soir, rentrant d'un pas tardif,
    Cascade folâtre et limpide,
    J'ai reçu ta poussière humide
    Sur mon front brûlant et pensif.

Rustique banc, d'où sort une tiède fontaine,
    Où je viens seul souvent m'asseoir,
Témoin discret de ma joie et ma peine,
    Je reviendrai souvent te voir.

    Je reviendrai vous voir, oiseaux,
        Fleurs, gazons, sombre bocage,
Pont tremblant du ravin aux bouillonnantes eaux,
        Frais et fuyant paysage.

Je reviendrai souvent, sources mystérieuses,
Qui redonnez à tous le bonheur, la santé,
    Me plonger avec volupté
    Dans vos eaux douces, onctueuses.

Tu seras mon abri, Moligt, durant ces jours,
Sombres et longs, si nombreux dans la vie !
Qui s'écoulent entiers sans bonheur ni folie ;
Où se taisent mes chants, où meurent nos amours.

Oui, je comprends votre sourire,
Côteaux aux pampres vermeils ;
Encor, encor quelques soleils....
Je sais ce qu'il veut me dire.

Vous, que combla de ses faveurs
La prodigue Pomone,
Arbres féconds, voici l'automne
Qui finira tous vos labeurs.

Mais, regardez, sur la colline,
Par degrés l'horizon brunir ;
Et lentement, la nuit venir
Sur les pas du jour qui décline.

La nuit ! avec son dôme bleu

   Qui de tous côtés scintille,

Et sa blanche reine qui brille

Des reflets d'un globe de feu.

   Voici l'heure où le lévite

Du redoutable et vieux castel,

A genoux, au pied de l'autel,

   Priait d'une voix contrite.

Oh ! dans ce pâle souvenir

   Combien se complait ma pensée !....

   Mais, déjà, comme électrisée,

Mon cœur ne peut la contenir.

Ai-je bien entendu ? silence !

De l'inaccessible manoir,

Porté sur la brise du soir,

Le son lointain du cor s'élance.

Oui, c'est bien là le bruit confus,
Le bruit mourant de quelque fête,
Que mon oreille satisfaite
Distingue, suit, puis n'entend plus.

Là haut, sur la tour défiante
Vois, malgré l'ombre de la nuit,
Ce casque d'acier qui reluit
Sous une lune vacillante....

Oyez un vague chant d'amour
Sortir de l'épaisse charmille;
Voyez châtelaine gentille,
Qui vient sourire au troubadour.

Scènes riantes, poétiques,
Douces images du passé,
Ranimez un instant mes chants mélancoliques,
Venez ?... Mais que dis-je, insensé !...

Ah ! du départ, l'heure fatale,
Sans pitié, sonne pour moi.
Sitôt ! sitôt partir ! Eh quoi !
Même avant l'aube matinale.

Pourtant, à mille objets chéris,
J'avais promis un adieu tendre ;
Et maintenant, comment répandre
Dans un adieu mon cœur surpris ?

Dors au lapis de mille étoiles,
Retraite chère au doux sommeil ;
Dors, ne crains pas d'affreux réveil
   Sous tes sublimes voiles.

Plus de furieux aquilons
Au sein de ma vallée ombreuse ;
Que leur aile prompte et poudreuse
Ne franchisse jamais ses monts.

De vos tristes ravages,

Oh ! n'affligez pas ces beaux lieux,

Torrents écumants, furieux,

Enfants effrénés des orages....

Brillant cortège de l'amour,

Zéphirs, ris, grâces, jeunesse,

Et vous, aimable paresse,

Ne cherchez plus d'autre séjour.

Le voyageur, de son passage,

Voulant laisser un souvenir,

Avec l'espoir, un jour, de revenir,

Grave son nom sur l'arbre au bienfaisant ombrage.

Ainsi, je n'aurai point passé

Sans laisser une faible trace ;

Mais, si vite, le temps efface

Ce que le cœur a laissé !

Septembre 1815.

www.ingramcontent.com/pod-product-compliance
Lightning Source LLC
Chambersburg PA
CBHW060859050426
42453CB00011B/2030